AF358169

LETTRE

DE

LACOMTESSE VALOIS DE LA MOTHE

A LA REINE DE FRANCE

Femme audacieuse et barbare, ta méchanceté te survivra

Morto il serpente, non e morto il veneno.

A OXFORD. 18 Octobre.

L'année séculaire de la destruction du colosse de Rhodes.

A LA REINE DE FRANCE.

Du   Octobre 1789.

FEMME odieuse et décevente écoute, et si tu le peux, lis moi sans frémir : je n'ose m'y attendre et te compare avec justice à ces femmes,

Qui goûtant dans le crime une tranquille paix ,
Ont su se faire un front qui ne rougit Jamais.

Eh! comment rougirais-tu , toi, qui depuis si long-tems familiarisée avec le crime et la honte, commet l'un, s'expose à l'autre avec le sang-froid de la barbarie la plus réfléchie.

C'est du fond de l'asyle obscur où je me suis mise a l'abri de ta rage et de ta persécution que je t'adresse les expressions d'un cœur abimé par la douleur et le désespoir; que je retrace à tes yeux et à ceux de l'univers tes horreurs & ta cruauté ; que je dévoile le tissu criminel de tes forfaits & la bassesse de ta conduite à mon égard. Déja la noble hardiesse à su lever un coin du voile qui le couvrait , je vais le déchirer entiérement et convaincre mes Concitoyens toujours aveugles dans leurs jugemens qu'ils m'ont condamnée sans me connaitre ; ils reviendront sur mon compte et ils n'auront plus pour toi que le mépris que tu as mérité.

En vain ces lâches adulateurs qui font des apothéoses, quand on les emploie et qui plongent le lendemain dans l'oubli les divinités de la veille, voudront venir à ton secours et crier à la calomnie, l'évidence est contre toi, les scélérats qui te ressemblent, les détestables complices de tes égaremens tiennent maintenant en exercice les cent bouches de la renommée, et Dieu sait comme elles prononcent son apologie. Pourrais-tu douter un seul instant de l'effet qu'elles produisent? et ose-tu former l'espérance de trouver des défenseurs?

Tu es Reine, ce titre imposant pour les ames faibles ne peut plus m'éblouir; affaissée par le malheur extrême je n'en puis plus envisager de plus grands, ce n'est pas non plus que je sois séduite par la folle prétention de recouvrer mon honneur que j'ai publiée mes Mémoires justificatifs; ce n'est pas pendant le cours de ta vie infâme que je puis trouver des partisans; mais le tems achevera et quand la terre ou la fange couvrira ta dépouille mortelle, justice sera faite du mort dès qu'on le pourra sans craindre d'affliger les vivans.

Ces Mémoires ou j'ai détaillé tes basses intrigues et tes abominables manœuvres, ont déja commencé à assurer et déterminer les conjectures diverses qui se sont faites à l'époque sinistre du grand événement qui en forme l'objet principal. En les écrivant, j'ai cédé aux efforts des ames sensibles indignées de tes procédés révoltans; j'ai étouffé autant qu'il a été en moi la haine violente que tu m'as inspirée, et que tout individu juste et honnête partage avec moi. J'ai dédaigné les phrases d'une brillante locution pour parler le langage de la vérité, un reste déraisonable de respect m'a interdit les épithetes outrageantes que je ne veux plus ménager et que mon cœur t'adressait en secret ; dégagée de toute passion exceptée celle de l'affliction vive qui me consume et hâtera, sans doute, mon dernier soupir, j'ai tracé un tableau fidel de tes excès dont tu ne peux démentir la véracité toi même m'en ayant fourni les traits principaux pendant le cours de notre intimité secrette

Tu as cherché de tout ton pouvoir à arrêter la circulation et la publicité de ma défense qui couchait sur toi le vernis du deshonneur, et imprimait sur ton front une tache aussi flétrissante que l'empreinte ignominieuse qu'un infâme bourreau a marqué sur mes épaules ; mais tes efforts ont été vains. Le tems n'est plus ou un bas et rampant Lieutenant de Police, un le Noir à la tête d'une horde de coquins mendiait ta protection en exécutant tes ordres barbares.

Ce scélérat qui a toute la finesse d'un renard et la férocité d'un tigre, ne peut plus faire agir ses agens crapuleux ; ni s'opposer aux efforts courageux de la liberté, captiver les langues enchaîner les pensées surprendre les secrets, et forcer l'indignation au silence. le Houx, d'Emery, Santerre, Colin et Douys, ces vils satellites ne parcourent plus les endroits public, pour envelopper dans leurs pieges infames , le

victimes malheureuses du zele et du Patrio-
tisme.

C'est envain que la plûpart de ces bandits se
sont revêtus de l'habit de la liberté pour exercer
sourdement leur vil ministere, qu'ils se sont
répandus dans les Districts de Paris et ont par
ce moyen mélangé la canaille avec la partie Ci-
toyenne, à leurs traits vils, à leurs yeux traî-
tres; il ne tarderont pas êtres découverts et im-
molés à la sûreté des honnêtee gens; envain s'é-
crieront-ils qu'il faut qu'ils vivent; moi qui
n'en sens pas la nécessité, je les dévoue à la
vengeance publique et au lacet funeste du Rever-
bere.

Tremblez, gredins, périssez même, s'il le
faut, votre regne est passé, votre empire est
détruit.

A l'abri de ton impuissante fureur, Reine
impérieuse et vindicative; dans les momens
d'intervalles que le chagrin me laisse, je ris de
ta colere, puisse-t-elle te suffoquer & apprends
que je ne suspends en ce moment une seconde
partie de ces mémoires dont le détail m'occupe
que pour t'adresser les vœux que je forme pour
ta perte totale et l'entier accomplissement de ta
ruine.

Je ne reviendrai pas sur tes forfaits généraux,
mes premiers mémoires, les deux parties des es-
sais historiques sur ta vie suffisent pour convaincre la multitude de ce dont elle avoit déjà
de si violens soupçons, tes exactions annoncées,
tes déprédations sans bornes, tes dissipations

outrées, tes courses nocturnes & clandeſtines, quelques indiscrétions de tes mercures avoient déjà appris à la France que Marie-Antoinette devenoit un monſtre de luxe & d'impudicité, & qu'elle ajôutait à ce titre, celui de » vrai fleau du peuple «.

Tant que tes espions t'ont pu servir fidélement & sans crainte, la vérité n'osoit porter tout son jour sur tes indignes excès, & si le teméraire patriote osoit les tracer, l'imprimeur sans crainte les mettre à la presse, le colporteur intriguant les diſtribuer, le citoyen patriote les lire, l'homme vertueux les blâmer, alors les murs lugubres de la baſtille retentiſſoient inutilement de leurs plaintes, l'écho pour jamais banni de ce gouffre infernal, de ce tombeau redoutable, où l'humanité abandonnée à la plus injuſte détention se trouvoit ensevelie toute vivante après une mort infame & secrète; l'écho ne reportoit point leurs lamentations à la patrie, en mettant le pied sur le seuil de la porte de ce château souverain de la vengeance & du despotisme, la plupart de ces infortunées victimes disoit au monde un éternel adieu, & lorsque semblable au grand seigneur, tu leur envoyois par le miniſtere de le Noir, de ton bourreau à gages, le cordon funeſte, le lacet meurtrier, ils acceptoient la mort que tu leur faisois donner comme un terme aux tourmens affreux que tu leur faisois souffrir & auxquels présidoient si tranquilement les Jumillacs de Launay, les commissaires Chénon, pere & fils, &c......

Rappelle-toi, femme injuste & inconcevable n ta cruauté, combien de fois nous nous sommes égayés ensemble dans ces momens consacrés à la volupté, ou le Noir introduit dans les temples enchanteurs de Marly-Trianon, te rendoit compte de ces prouesses affassines.

Lui retiré, nous buvions dans la même coupe en l'honneur du terrible desastre que tes ordres iriques venoient d'opérer; n'étoit-ce pas à l'exemple de Caligula: boire à la suite d'une débauche & dans un crâne humain le pur sang des malheureux, qui avoient osé gémir publiquement de ses honteux désordres?

Je ne te retracerai pas les noms des victimes que tu t'es immolées. J'en reserve la liste pour mes seconds mémoires, dont malgré le faux repentir dont tu te pares, & l'hipocrifie que tu mets actuellement en usage, tu n'empêcheras pas plus la publicité, que celle des premiers; & ce, malgré les indignes recherches, & les soins empressés qu'employe le district de St. Roch. auxquels tu as sans doute, fait passer à l'ordinaire tes ordres mistérieux, et qui dans la vue de te faire bassement la cour, rode perpétuellement dans tous les lieux publics pour y faire capture des personnes affez hardies pour y distribuer des vers à ta louange.

Non, je ne veux point par cette lettre t'engager à réprimer ta licence effrénée; tu connois ce vieux proverbe (à beau prêcher, qui n'a cœur de bien faire). Toi, moi, voilà les seuls personnages, que pour cet instant, je veux mettre en

scène, sans autres épisodes que celles néceffai-
res au nœud de l'action, si je fais descendre à
pas lents, par cette lecture, la crainte et la ter-
reur dans ton ame, fi la copie dont je destine
l'impression aux habitans de ta capitale, peut les
engager à me plaindre, je n'ai plus rien à defirer,
& mes vœux sont remplis.

Te reffouviendras-tu, megère impitoyable, de
l'époque malheureuse, où tu m'as affociée à tes
désordres criminels, lorsqu'un cardinal cou-
vert d'opprobres, chargé de dettes, entreprit de
se rapprocher de ta prétendue majefté, en me
faisant servir d'inftrument à la reconciliation
qu'il méditoit. Les conditions que tu me pres-
crivis, sont-elles encore présentes à ta mé-
moire? Non, sans doute, je vais te les re-
tracer.

En ce temps, dont je ne me souviens qu'avec
confufion, j'étois honorée de la protection de
Madame & de madame la comteffe d'Artois,
» Ne les voyant plus ni l'une ni l'autre « me dis:
tu en m'appuyant un baiser (dont je compris
toute la fignification), » je les hais mortellement
toutes deux, & ce qu'elles entreprendroient inutilement pour vous nuiroit à ce que je veux
faire moi-même, me le promettez-vous? «

Ne démêlant que confusement tes perverfes
intentions, ne voyant en toi qu'une reine sen-
fible & généreuse, qui vouloit avoir seule la
gloire d'un bienfait & le plaisir d'en dérober le
mérite à ses ennemis, je m'étourdis sur la na-

ture du baiser que je venois de recevoir et je promis tout.

Je n'eus bientôt plus aucun doute sur l'objet de tes impures caresses, et tu m'enseignas la pratique de ces plaisirs obscènes et révoltans qui ont tant d'empire sur tes sens lascifs et corrompus. J'étois trop avancée pour reculer, et d'ailleurs je dois l'avouer aussi enchanteresse que Circée, séduisante que Calipso, aussi à craindre que Médée, en partageant ton delire, tu m'avois entierement captivée par un contraste que le crime seul peut produire. La reine étoit presque aux genoux de sa sujette, elle se précipitoit dans ses bras couvroit son sein de baisers et se servant de cet art que tu connois si bien, art qui t'es si cher, et qui a tant de fois provoqué ta souillure, tu lui faisois oublier la nature entiere. Comment résisiter à ces trompeuses amorces ?

Voilà pourtant mon seul crime, monstre sorti des enfers, oserois-tu en disconvenir? Je n'ai d'autres fautes à me reprocher que de m'être résignée à devenir la compagne de ta lubricité, et comment m'as tu récompensée d'avoir partagé tes brûlans transports, c'est en me faisant punir de ton vol abominable. Réponds, ne puis-je pas à bon droit m'écrier comme Egiste.

A la cour des Rois, telle est donc la justice,
On me flatte, on m'accueille, on résoud mon suplice.

Par combien d'artifices n'as-tu pas trompé ma conscience et mon aveugle crédulité? et combien de larmes ne m'as-tu pas mis dans le cas d'essuyer pendant la durée de notre commerce illégitime.

La Polignac, cette furie impregnée de tous les vices, cette harpie dévorante, mitigatrice de tous les forfaits que tu as commis depuis, conçut contre moi une mortelle jalousie. Toi, reine, tu l'as bravée, moi sujette obscure, et ne possédant que l'orgueilleux fardeau d'un grand nom, j'en ai essuyé mille indignités et le jour à jamais exécrable qui completta mon finamie aux yeux du vulgaire, fut sans doute le seul qui a pu y mettre un frein.

Cent et cent fois qu'entrelaffées ensemble, nous nous noyons dans un torrent de délices, tu effuyois les larmes ameres que je répandois sur le mépris marqué dont m'honoroit ta tribade favorite, tu daignois dans ces momens convulsifs m'honorer des assurances de ta protection, quelles indignes témoignages j'en ai reçus. Est-ce de cette maniere que les têtes couronnées tiennent parole ? Oui, les têtes couronnées qui te ressemblent et qui ne se souviennent de leur grandeur et de leur puissance, qu'au moment, où ils forment la résolution de sacrifier de nouvelles victimes à leur barbarie. Ainsi ont agi Domitien, Vitellius, Diocletien, et Néron, Charles VII, Louis II et Henri III ; toi seule héroine en scélérateffe a rassemblée les diverses parties qui en ont formé des monstres aux yeux de l'univers.

Lorsque ton ambition, ta cupidité te suggerèrent le dessein dont j'ai seule été victime de t'approprier le bien-être des sieurs Bosmer et Compagnie, te rappelleras tu à l'ouverture de ma lettre ton artifice et tes insinuations, tu redoublas d'attentions pour moi, et tu dis sans doute, en me voyant, me prêter à ta damnable intrigue: voilà celle qui supportera toute la peine et l'iniquité de mon lâche projet.

J'en conviendrai, oui fourbe habile, pernicieuse créature, tu as conduit cette affaire avec toutes les ruses du voleur le plus expérimenté, & Richelieu dans le procès qui l'a déshonoré avec la dame de Saint-Vincent, ne s'est pas mieux conduit.

Je ne veux pas ici détailler tes moyens frauduleux, tu les connois aussi bien que moi, ce sont mes seconds mémoires qui en instruisent le public; je te l'ai déja dit, il ne s'agit que de toi & de moi.

La ruse criminelle une fois connue, il ne s'agissoit plus que d'en ensevelir l'abominable tissu & son détestable auteur. Je devins la compagne du cardinal dans ce repaire obscur, ou tu plongeois les uns à dessein de les faire fuir lorsqu'ils seroient en liberté, & dont tu ne tiras les autres que pour les engager au silence, & moi pour aller au supplice expier ma trop grande foiblesse, & ma lâche complaisance pour une femme qui de tous points, semblables à ces bêtes féroces qui déchirent de leurs dents carnacieres, la femelle qu'elles viennent de couvrir, ne désiroit plus que la perte de celle à qui elle avoit prodigué ses ardentes caresses.

Plusieurs personnes honnêtes & non recu-
fables, dont les voix se font élevées au moment où elles ont pu se faire entendre sans
fâcheuses conséquences, au moment où il fal-
loit s'opposer à la méchanceté la plus raffinée;
sans être exposées d'en partager la noirceur,
ont tâché de dévoiler cet impénétrable mis-
tere, tes intérêts, ta méchanceté, ont réprimé
leur zele, & Doillot, l'avocat Doillot, cet
interpréte des loix, cet ignorant praticien fut
le seul auquel on·laissa la liberté de parler en
ma faveur. Ah! que je lui ai de grandes obli-
gations, non je ne puis croire autrement; il
étoit vendu à mes tyrans, ou plutôt à toi,
femme qui n'a jamais conçu la moindre crainte,
& qui a toujours tout employé pour écraser
sans pitié ceux ou celles qui pouvoient te nuire.

Tout le tems de la détention cruelle où
j'étois plongée, tu as fait jouer les plus affreux
refforts pour m'inspirer toute la crainte & la
confiance, ton Lieutenant de Police, tes cruels
Commissaires au châtelet, ton indigne lâche &
hypocrite rapporteur, sont enfin venus à bout
de me séduire, & de me résoudre à me livrer
à leurs pernicieux conseils, pendant que ce
procès injuste & vexatoire se poursuivoit contre
moi avec la plus infernale rigueur.

Que faisois-tu pendant ce tems, Reine odieuse,
pendant ce tems où je baignois de mes larmes
l'humide & malfaisant plancher de mon cachot,
tu séduisois le meilleur des Monarques, tu
endormois la vigilance intéressée des ministres,

en niant fermement m'avoir jamais connue, lorfque tu m'avois auffi fortement rapprochée de ta vile perfonne.

Jettée dans les fombres & profonds cachots de la conciergerie, avec quelles compagnes n'ai-je pas été confondue ; delà je voulus t'adreffer mes juftes plaintes, & la réclamation des bontés dont tu m'avois fait la promeffe menfongere, infenfée que j'étois, le crime étoit confommé. Le collier, le funefte collier, avoit trop d'attraits pour toi ; il t'étoit impoffible, d'ailleurs, de t'en dessaifir, il étoit dénaturé, donné en partie, commercé, & d'ailleurs ma perte étoit jurée.

Enfin, arriva le jour fatal, ou non contente de te proftituer, tu engageas Thémis à fe proftituer en ta faveur, où ces lâches fuppôts, ce Parlement fi méprisable, fi méprifé, & fi digne de l'être, ou l'encre de la chicane, & la barbare voix du menfonge & de l'iniquité, lancerent contre moi l'arrêt foudroyant qui me conduifit à l'infame poteau.

Je ne puis, ô toi qui lira cette lettre avant les ames juftes auxquelles je la dédie, te tracer ce qui fe paffa dans mon ame à la lecture qu'on me fit de l'horrible réfultat de cette procédure criminelle. Je vomis d'abord les imprécations les plus terribles contre toi & tes exécrables agens ; je verfai des larmes, larmes du défefpoir, qui conftatoient le funefte état de mon ame, & comben je me repentois d'avoir gardé le filence que tu m'avois fait prefcrire, & que tu te fouciois fort peu que je confervaffe en ce moment où la plus grande vérité paroît fuf-pecte, & n'eft regardée que comme l'enragé langage de la calomnie, & l'ouvrage du désespoir.

Avec qui me renferme-t-on ? c'eft avec la complice ou non complice d'un célébre empoisonneur ; c'eft cette madame Desrues qui devint la confolatrice de la comtesse de Valois, de l'héritiere d'un fang illuftre & honoré. Elle fe trouve obligée de l'engager à manger ainfi qu'elle, un pain noir & groffier, & de l'arrofer de ses larmes ; je passe un certain tems dans cette maifon horrible, ou le repentir n'a jamais pénétré. Rejettée dans la foule de ces miférables femmes publiques, vouées à la prostitution dont les ames n'ont cependant jamais égalé la tienne en noirceur, j'y fuis forcée d'y essuyer leurs injures, leurs invectives, leurs obfcénités, leurs plattes & groffieres faloperies, & d'endurer les humilians rebuts des valets, & les petitesses & la morgue infultante des foeurs converfes de la falpétriere.

Je me fauvé en frémissant de ce reduit abject pour lequel j'étois peu née, en t'y fouhaitant les mêmes traitemens que je venois d'essuyer, & la place que je cessai d'y occuper. Puissent mes defirs être accomplis.

Maintenant que ma liberté m'a rendu ma hardiesse, attends de moi tous les assauts que je pourrai livrer à ta méchante fureur. Je n'aurai pas besoin d'altérer la vérité, pour faire du composé de tes qualités, le plus noir tableau ; tremble, sur-tout de la publication de mes seconds mémoires, & dussé-je retomber entre tes mains, expirer sous le feu de tes bourreaux, tu connois mes voeux, je les prononcerai de nouveau, & dirai :

C'est tout ce qu'en mourant, LAMOTHE lui desire, Qu'on me mene à la mort, Je n'ai plus rien à dire.

Je suis ta plus mortelle ennemie ,

L'innocente ;

DE VALOIS, Comtesse DE LA MOTHE.